L'ANJOU

AU

TEMPS DE LA FRONDE

LEÇON D'OUVERTURE DU COURS D'HISTOIRE
FAITE A L'ÉCOLE SUPÉRIEURE DES SCIENCES ET DES LETTRES D'ANGERS
LE 19 NOVEMBRE 1875,

PAR

M. Antonin DEBIDOUR

Ancien élève de l'École Normale Supérieure, Professeur agrégé d'Histoire.

ANGERS
E. BARASSÉ, IMPRIMEUR-LIBRAIRE-ÉDITEUR
23, Rue Saint-Laud, 23.

1875

L'ANJOU AU TEMPS DE LA FRONDE

LEÇON D'OUVERTURE DU COURS D'HISTOIRE

FAITE A L'ÉCOLE SUPÉRIEURE DES SCIENCES ET DES LETTRES D'ANGERS

LE 19 NOVEMBRE 1873.

MESDAMES, MESSIEURS,

Quoique votre bienveillance me dispense de toute précaution oratoire, je ne crois pas pouvoir reprendre nos entretiens sans vous donner quelques explications sur le sujet que je me propose de traiter et sur les motifs qui m'ont déterminé à le choisir. L'exiguité du programme que je me suis tracé pourra, au premier abord, vous surprendre. Je conviens qu'il est difficile de restreindre le champ de l'histoire plus que je ne l'ai fait : j'ai le projet de consacrer tout un semestre, c'est-à-dire vingt leçons, au récit de la *Fronde angevine*, simple épisode de nos guerres civiles, qu'on trouve à peine indiqué dans les Mémoires du XVIIe siècle, et que nos plus grands historiens semblent presque ignorer.

Il est vrai qu'on pourrait, à la rigueur, le conter en dix lignes. Mais d'autre part, il n'est pas impossible de donner à cette étude rétrospective de la vie provinciale une certaine ampleur et un intérêt véritable. C'est ce qu'a fait, il y a une vingtaine d'années, un de vos compatriotes, M. Eugène Berger (1), dont le travail, spirituel et instructif, a été le point de départ de mes propres recherches. Je n'aurais point osé, je l'avoue, pénétrer après lui dans un domaine où il semblait n'avoir laissé qu'à glaner, si des documents curieux, que cet auteur n'a pu consulter, n'avaient

(1) Voir la *Revue d'Anjou*, année 1853.

été plus récemment mis en lumière (1). Grâce à eux, je pourrai non lutter de clarté, d'élégance et d'intelligence historique avec l'honorable M. Berger, mais élargir un peu le cercle dans lequel il avait enfermé son sujet, et, en me plaçant à un point de vue différent du sien, apercevoir une face nouvelle de la question.

L'histoire d'Anjou, au milieu du XVIIe siècle, se rattache très-étroitement à l'histoire générale de la Fronde. Cette guerre civile, qui, pendant cinq années, déchaîna le brigandage et la misère à travers la France, a été racontée cent fois et n'est pas pour cela mieux connue. Les principaux acteurs de ce grand drame : Retz, Mlle de Montpensier, Larochefoucauld, Lenet, Brienne, Montglat, bien d'autres encore, ont écrit sur cette époque de volumineux mémoires, dont quelques-uns sont des chefs-d'œuvre littéraires. On formerait une bibliothèque des trois ou quatre mille pamphlets ou *Mazarinades* qui agitèrent ou amusèrent alors le public. Mais la valeur historique de ces documents n'est pas aussi grande qu'on pourrait le croire. D'abord, les auteurs de ce temps-là ne racontent de leurs intrigues passées que ce qu'ils n'ont pas intérêt à cacher, et dénaturent les faits au gré de leurs passions et de leur vanité. De plus, on est surpris, après en avoir lu trois ou quatre, de constater qu'ils semblent s'être copiés les uns les autres, qu'ils n'ont vu qu'un côté (presque toujours le même) de l'histoire de leur temps, et que, pour ne l'avoir pas embrassée tout entière, souvent ils ne la comprennent pas.

Je m'explique. — La plupart des écrivains dont je parle étaient des princes, des seigneurs, des ministres, des magistrats parisiens. Ils n'ont tout d'abord aperçu de la Révolution qui faillit bouleverser la France entière que ce qui pouvait troubler la Cour et la capitale, théâtres ordinaires de leurs intrigues ou de leurs rébellions. Les menées du Coadjuteur, les roueries de Mazarin, les emportements de la reine Anne, les langueurs pas-

(1) Voir les *Inventaires* des *Archives anciennes de la mairie d'Angers*, des *Archives de l'hôpital Saint-Jean*, des *Archives civiles de Maine-et-Loire*, etc., publiés par M. Célestin Port ; — le *Journal du curé Jousselin*, le *Journal de Valuche*, le *Registre du Présidial*, etc., etc.

sionnées de Mme de Longueville, les quiproquos de Beaufort, les brutalités de Condé, la fermeté antique du président Molé, voilà ce qui captive leur attention, voilà ce qui, pour eux, constitue la Fronde.

Ils n'en voient qu'une, celle de Paris, caractérisée par l'antagonisme de la Cour, du Parlement et des princes. Ils ne s'aperçoivent pas qu'il y a eu autant de Frondes distinctes qu'il y avait de provinces frondeuses ; que Rouen, Bordeaux, Aix, Angers, ont formé, comme la capitale, des centres de guerre civile, où se sont élevés des partis très-divers et qui n'avaient pas attendu, pour se déclarer, le mot d'ordre de la Grand'Chambre ou du prince de Condé.

Ils croiraient volontiers que vingt millions de Français ont pris les armes pour qu'un prélat sans mœurs (1) pût devenir cardinal ; que de vieux magistrats bavards fissent des harangues cicéroniennes ; ou que de belles dames eussent l'occasion de monter à cheval et de mettre en pratique les romans de Mlle de Scudéry. Ils se trompent. — Il y a autre chose, au fond de cette universelle agitation, que des résistances parlementaires et des intrigues de ruelles. Il y a ces misères populaires qu'ils ne voient pas, mais dont un de nos contemporains, M. Feillet, a fait, dans un livre justement remarqué (2), un tableau si sombre et si navrant. Il faut, pour les apercevoir, sortir de Paris, voir de près les villes de province saccagées par les garnisons, les campagnes brûlées ou en friche, les agents du fisc qui tirent à l'affût sur les passants, les paysans qui mangent de l'herbe, les mendiants couchés par centaines dans les rues aux nuits d'hiver, les cités de 50,000 âmes assaillies par les loups. On comprend alors l'exaspération populaire, et on n'a plus envie de rire de cette guerre que Voltaire trouve si plaisante et si ridicule (3).

Ce que vos ancêtres ont souffert avant de se jeter en désespérés dans cet essai de révolution qui devait si misérablement

---

(1) Paul de Gondi, plus connu sous le nom du cardinal de Retz.
(2) *La misère au temps de la Fronde et saint Vincent de Paul.*
(3) *Siècle de Louis XIV*, ch. IV et V.

échouer, vous le verrez par la suite de nos entretiens. — Vous comprendrez aussi que la guerre civile aurait eu bien moins d'extension et de durée, si elle n'eût été entretenue par cette vie politique, déjà bien restreinte, mais qui battait encore au cœur de certaines provinces, de la vôtre par exemple. — Ces libertés locales, si précieuses et si nuisibles à l'ancienne France, s'agitent alors pour la dernière fois. — Le parti de la Fronde, qu'elles ont soutenu, les a entraînées dans sa ruine. — L'historien n'en doit-il pas étudier avec soin le déclin et la chute ? N'y a-t-il pas enfin de l'intérêt à rechercher comment cette parcelle de la France, sur laquelle nous vivons, a perdu son caractère propre pour se fondre dans la grande et homogène patrie que nous ont faite l'ancienne monarchie et la Révolution ?

Des réflexions qui précèdent, nous pouvons d'ores et déjà dégager les trois motifs principaux qui m'ont déterminé dans mon choix. J'ai cru qu'il pouvait y avoir agrément et profit à représenter, d'après des documents originaux, inédits en grande partie : 1° les circonstances et caractères particuliers de la Fronde angevine ; 2° les misères de la province d'Anjou au milieu du XVIIe siècle ; 3° les dernières convulsions de la vie politique dans l'ancienne cité municipale d'Angers. — Ces trois ordres de choses et de faits se mêleront sans cesse dans nos récits. Mais je tiens, dans cette leçon préliminaire, à vous les présenter séparément, sous forme analytique, afin que, ne les perdant pas de vue, vous puissiez toujours retrouver facilement les idées générales qui me guident au milieu des faits particuliers et m'aident à les éclairer.

I. — CARACTÈRES PARTICULIERS DE LA FRONDE ANGEVINE.

Et tout d'abord, il est un fait qui distingue particulièrement la Fronde angevine de toutes les autres et surtout de la Fronde parisienne. C'est que, loin d'avoir été fomentée par la magistrature locale, elle a été contre-carrée par elle et combattue à outrance (1). A Paris, le Parlement, organe suprême de la justice, donne lui-même le signal des émeutes, veut réformer l'Etat, oblige la royauté à capituler au milieu des barricades ; puis, lève des armées, fait la guerre au roi et livre la bibliothèque Mazarine au vandalisme des enchères publiques. — A Angers, le Présidial, malgré le lien étroit qui le rattache à la *Cour souveraine*, proteste contre des mesures qui, pour être inspirées par l'amour du bien public, n'en sont pas moins des illégalités et des violences. Les autres tribunaux angevins, la Prévôté, l'Élection, le Grenier à sel, restent aussi fidèles au gouvernement royal. Les chefs de cette noblesse de robe, qui faisait la gloire de votre ville, les Lanier, les Cupif, les Boylesve, les Eveillard, tout en déplorant les vices et les abus de l'administration, s'opposent de toutes leurs forces à ce que le peuple sorte des voies légales pour obtenir justice. — La prépondérance qu'ils exercent dans les élections municipales leur permet de lutter quelque temps contre les exigences de la foule. — Vaincus à la fin, ils tombent dignement, se font saisir sur leurs siéges et traîner en prison par Rohan, le gouverneur rebelle. Nous reviendrons longuement sur cette attitude si remarquable de la magistrature angevine. Nous verrons qu'il y avait peut-être en elle un peu de ce mécontentement égoïste des corps privilégiés contre les partis qui n'acceptent pas leur direction exclusive. — Mais il y avait aussi ce bon sens, trop peu commun, qui dit que de deux maux il faut choisir le moindre ; il y avait ce patriotisme respectable qui repousse l'anarchie en présence de l'ennemi ; il y avait l'horreur des alliances équivoques qui mènent parfois à la trahison. Il ne faut pas oublier qu'au moment où éclata la Fronde, la France était en guerre avec l'Espagne, et que les grands seigneurs qui vinrent avec tant de chaleur offrir leurs bras et leurs épées aux bourgeois de Paris, se hâtèrent d'appeler à leur aide une armée espagnole.

---

(1) Voir le *Registre du Présidial*, années 1649-1652 ; — le *Journal de Jousselin*, passim. ; — l'*Histoire d'Anjou*, de Barthelémy Roger, p. 517 ; — la *Lettre de Monseigneur le duc de Rohan à S. A. R. sur les entreprises du cardinal Mazarin contre la ville d'Angers*, etc., etc.

L'hostilité de la magistrature angevine à l'égard de la Fronde fut cause que le parti de la révolution et de la guerre civile en Anjou manqua complétement de direction et de mesure. Pourquoi ? Parce qu'il manquait d'homogénéité. La haute bourgeoisie lui refusant son concours, il n'était plus composé que des classes inférieures et de la noblesse. Il ne pouvait y avoir vraiment union entre deux éléments si dissemblables. — Les seigneurs ne songeaient qu'à exploiter à leur profit les fureurs populaires. Poussant d'une part aux dernières violences les paysans et gens des métiers, ils négociaient de l'autre ou plutôt marchandaient secrètement leur soumission à la Cour. Depuis longtemps les Brissac, les La Trémoille, les Rohan, savaient que la révolte était le plus sûr moyen d'obtenir d'un gouvernement faible argent et dignités. Du reste, tous les gentilshommes d'Anjou ne s'étaient pas prononcés pour la Fronde. La majeure partie d'entre eux, les Du Bellay, les Maillé, les Guéméné, s'étaient même rangés ouvertement du côté de la Cour. Il faut ajouter enfin que le peuple, malgré la nécessité de l'alliance nobiliaire, qui s'imposait fatalement à sa faiblesse, ne tendait qu'à regret sa main à une caste que depuis plusieurs siècles il avait toujours regardée en ennemie. — L'aristocratie se montrait, il faut le dire, plus humaine et plus douce dans ce pays-ci que dans les autres provinces. — Pourtant, il était d'Anjou, ce gentihomme contemporain de la Fronde, qui, étant en colère contre un paysan, disait : « Je ne veux pas te battre, je ne te battrais pas assez ; je veux te faire battre par mon fils (1). » Et aussi de l'Anjou, celui qui tua un jour un couvreur sur un toit, pour le seul plaisir de décharger son fusil (2).

Donc, point d'alliance sérieuse entre les deux classes. Les Angevins, bien différents des Parisiens, qui se jetèrent aveuglement dans les bras de Beaufort et de Condé, voulurent, autant que possible, rester libres. — Ils ne reçurent d'impulsion de personne. — Et quelques seigneurs ayant pris l'initiative de la

---

(1) *Tallemant des Réaux*, II, 23.
(2) Bodin, *Recherches sur l'Anjou*, t. II, 374.

révolte en certains endroits, Dumont par exemple à Saumur et Larochefoucauld vers Montreuil-Bellay, les populations restèrent froides ou se montrèrent hostiles. — A Angers, le peuple garda vis-à-vis des nobles une grande fierté. Deux gentilshommes, qui avaient insulté la garde bourgeoise en 1649, faillirent être massacrés (1). La ville eut l'audace d'entrer en guerre ouverte contre son gouverneur, le maréchal de Brézé. Le duc de La Trémoille, dont elle accepta le commandement, ne la mena point à son gré ; et un peu plus tard, le duc de Rohan, autre gouverneur, qui passe pour avoir seul causé le siége d'Angers et les malheurs qui en résultèrent, fut très-probablement entraîné dans la rébellion par l'exemple et les incitations des Angevins.

Ainsi la Fronde eut dans votre ville un caractère presque exclusivement démocratique, je devrais dire démagogique. Le même cas ne se présenta nulle part, si ce n'est, je crois, à Bordeaux, et encore vers la fin de la guerre civile.

Cette démagogie triompha avec le maire Bruneau, élu en 1651 (2), et finit par perdre la ville. Ce qu'il y eut de plus surprenant en elle, c'est qu'elle eut à sa tête non des hommes obscurs ou portés à la violence par l'ignorance ou la misère, mais des hommes considérables, que leur position ne semblait pas prédestiner au rôle de tribuns du peuple. Ainsi, l'université d'Angers, une des plus illustres de France, et qui attirait un grand nombre d'étudiants, semble avoir participé à la rébellion, sinon tout entière, du moins dans la personne de quelques-uns de ses chefs. Un de ses anciens recteurs, le jurisconsulte Voisin, fut, du commencement à la fin des troubles, le meneur le plus actif de la Fronde Angevine (3). Quand la ville fut assiégée, les écoliers de la *nation* de Bretagne formèrent un bataillon et contribuèrent vaillamment à la défense. Le clergé lui-même céda à l'entraînement populaire. La plupart des curés secondèrent la révolte.

---

(1) *Archives anciennes de la mairie d'Angers*, série BB, registre 81, fol. 284-286.

(2) *Journal de Jousselin*, dans l'inventaire analytique des archives de la mairie, p. 453-454.

(3) Jousselin. — *Archives de la mairie*, BB, Reg. 80 et suiv.

C'est à l'un d'eux, Jousselin, curé de *Sainte-Croix*, et ardent frondeur, que nous devons le récit le plus complet de ce qui s'est passé dans votre ville de 1648 à 1653. Et cette conduite est d'autant plus digne de remarque, que l'évêque d'Angers, Antoine Arnauld, combattait la Fronde, et que les rebelles le mirent hors de la ville. A Paris, au contraire, le chef de l'Eglise donnait le signal de l'émeute et chassait le roi de sa capitale. Arnauld se réfugia à Saumur, où la cour s'était transportée. Mais, ce qui n'est pas le détail le moins étonnant de cette histoire, il n'employa le crédit qu'il devait à sa fidélité qu'à implorer la miséricorde royale en faveur des Angevins vaincus. C'était un ancien abbé, jusqu'alors très-mondain. Mais il se réforma tout à coup, et par cette charité chrétienne, non moins que par ses autres vertus, se fit chérir d'un diocèse où il avait d'abord été traité en ennemi (1).

II. — MISÈRES DE LA PROVINCE D'ANJOU AU MILIEU DU XVIIe SIÈCLE.

Anne d'Autriche céda aux prières de l'évêque, et votre ville, quoique durement châtiée, ne fut pas saccagée. Le bon prélat fit sans doute valoir l'attachement que les Angevins avaient toujours conservé au fond du cœur pour l'autorité royale. Leur affection pour la dynastie régnante n'était pas douteuse. En 1619, pour recevoir dignement la mère du roi, ils avaient dépensé 16,000 livres (50,000 d'aujourd'hui), c'est-à-dire une année de leurs revenus municipaux (2). Mais en 1620, cette princesse ayant voulu les pousser à la révolte, ils avaient résisté; Marie de Médicis avait dû, pour rester maîtresse, les désarmer, chasser le maire et les principaux habitants (3). Un peu plus tard, nous voyons le corps de ville donner 400 livres au messager qui est venu an-

(1) Voir les *Mémoires de l'abbé Arnauld*, son neveu, dans la collection Petitot.
(2) *Arch. anc. de la mairie*, série CC, 14, 67.
(3) *Arch. anc. de la mairie*, série BB, reg. 65, fol. 172-173.

noncer la naissance de Louis XIV (1). « On dressa, dit un de vos » historiens, des tables chargées de vins et de viandes, dans » plusieurs rues et carrefours, où les passants étoient invités à » boire, qui ne payoient pour écot qu'un cri de *vive le Roy et le* » *Dauphin* (2) ! »

Pour qu'un peuple au fond si dévoué se fût un jour oublié jusqu'à fermer ses portes à son roi, il fallait que de terribles souffrances l'eussent pour ainsi dire mis hors de lui-même. Et en effet, si nous interrogeons l'histoire, elle nous répondra que l'Anjou était peut-être, à cette époque, la plus malheureuse province de France. Sa docilité passée, loin de lui valoir des égards, n'avait fait qu'attirer sur elle l'insatiable rapacité du fisc. En retour de sa fidélité, elle avait dû subir toutes les innovations ruineuses d'un régime financier qui n'était propre qu'à perdre à la fois la France et la royauté.

Mais rien ne sert de dire, sous forme générale, que les provinces, et principalement la vôtre, étaient alors réduites à la dernière misère. Il faut entrer dans le détail navrant de cette misère. Il faut toucher du doigt les plaies saignantes, s'attacher à ces victimes obscures de la faim, dont les historiens ne parlent pas. Laissons de côté les grandes roueries de la politique et les batailles retentissantes. Retz et Larochefoucauld nous éclaireront moins sur les souffrances de vos aïeux qu'un simple marguillier de Candé, nommé Valuche, qui ne savait pas l'orthographe, mais écrivait naïvement ce qu'il voyait dans son village (3). Les notes du curé Jousselin, les papiers de l'hôpital Saint-Jean et surtout les registres anciens de la mairie d'Angers, nous diront bien mieux que les histoires générales combien vos ancêtres ont dû verser de larmes avant de se jeter en désespérés dans le parti de la rébellion.

Labruyère, qui écrivait trente ans après la Fronde, a fait des

(1) *Arch. anc. de la mairie*, série BB, 76, fol. 158.
(2) Barthélemy Roger, *Histoire de l'Anjou*, p. 497-498.
(3) M. Célestin Port a publié une partie du *Journal de Valuche* dans la *Revue d'Anjou*, en 1870.

paysans un portrait que longtemps j'ai trouvé trop sombre (1) : « L'on voit, dit-il, certains animaux farouches, des mâles et des » femelles, répandus dans les campagnes, noirs, livides, et tout » brûlés du soleil, attachés à la terre qu'ils fouillent et qu'ils » remuent avec une opiniâtreté invincible ; ils ont comme une » voix articulée ; et quand ils se lèvent sur leurs pieds, ils mon- » trent une face humaine, et en effet ils sont des hommes. Ils se » retirent la nuit dans des tanières, où ils vivent de pain noir, » d'eau et de racines ; ils épargnent aux autres hommes la peine » de semer, de labourer et de recueillir pour vivre, et méritent » ainsi de ne pas manquer de ce pain, qu'ils ont semé. »

Messieurs, si Labruyère eût visité l'Anjou vers 1640 ou 1650, il eût sans doute fait de ses malheureux une peinture plus attristante encore. Il eût remarqué aussi que la misère ne pesait pas seulement sur les paysans, mais aussi sur les habitants des villes.

Quelques traits, en passant, vous donneront une idée des exactions qu'avait alors à subir votre pays. Nous ne dirons rien des droits féodaux, sous le poids desquels gémissaient encore les classes pauvres. Ils tendaient chaque jour à diminuer. Mais les impôts royaux croissaient au contraire dans une effrayante proportion. Les énumérer tous serait chose difficile. Parlons seulement des principaux.

C'était d'abord la *taille*, ou taxe sur les revenus fonciers. Sous Charles VII, elle n'avait été que de 1,800,000 livres pour tout le royaume. Sous Louis XIII, elle dépassait 40 millions (120 millions d'aujourd'hui). Et la province d'Anjou, qui n'était pas la quarantième partie du royaume par l'étendue et la population, tenait le douzième rang par le chiffre de sa contribution. Ce n'est pas tout. La taille, qui, dans certains pays, était *réelle*, c'est-à-dire fixée sur la valeur exacte de la terre au moyen d'un cadastre, était dans l'Anjou *personnelle*, c'est-à-dire fixée arbitrairement par les intendants, les Elus et leurs agents, d'après le chiffre des revenus qu'il leur plaisait de supposer aux contribuables.

(1) *Caractères*, ch. XI (De l'homme).

Ajoutez que la noblesse et le clergé, qui possédaient en cette province les deux tiers des terres, étaient de droit exempts de cet impôt; — exempts aussi les magistrats, la plupart des fonctionnaires, les maires, échevins et leurs descendants. Mais le caractère vexatoire de la taille consistait surtout dans le mode de perception de cette taxe. Dans chaque paroisse, l'administration désignait annuellement quatre habitants (des plus pauvres en général, car les aisés trouvaient toujours moyen de se faire exempter de cette charge), qui, sous le nom de *collecteurs*, étaient chargés de répartir et de faire rentrer les deniers publics. La répartition ne pouvait être que très-irrégulière; car ces malheureux, intimidés par les riches, faisaient retomber sur les plus nécessiteux presque tout le poids de l'impôt. Qu'arrivait-il? C'est qu'au bout de l'année, la taille n'étant pas payée, l'administration s'en prenait aux collecteurs, vendait leurs maisons, leurs meubles et les mettait eux-mêmes en prison. En 1645, il y en avait à la fois 23,000 sous les verroux, et je crois que 5,000 y moururent (1). Les collecteurs sortis de charge évitaient en général de se montrer; et nous voyons qu'en 1647 ils n'osaient pas venir aux foires d'Angers, de peur d'y être arrelés (2). Quelquefois aussi, ces infortunés, ayant en mains l'argent des recettes, en employaient une partie à acheter du blé et du pain pour leur famille, puis, ne pouvant la rendre, emportaient le reste, quittaient femmes et enfants, et « s'en alloient vagabondant où ils n'étoient pas » connus. » Mais le gouvernement s'en consolait bien vite en frappant la paroisse d'une surtaxe équivalente ou supérieure à la somme soustraite (3).

Pour être exact, il faut dire que certaines villes ou communautés bourgeoises étaient dispensées de la taille. Angers, par exemple, jouissait de ce privilége en vertu de sa charte munici-

(1) Bonnemère, *Histoire des Paysans*, t. II, 34.

(2) *Arch. anc. de la mairie*, série BB, reg. 81.

(3) Voir, sur l'organisation des impôts en Anjou, le manuscrit 823 de la bibliothèque d'Angers, intitulé : *Memoire qui pourra servir à ceux qui seront deputes par MM. du Tiers Estat de cette province d'Anjou pour dreser le cahier des remontrances et plaintes dudit ordre à la tenue des Estats Generaux du royaume convoques par le Roy en la ville de Tours au mois de septembre de la presente annee 1651.*

pale. Mais il n'y avait guère lieu de se féliciter d'un tel avantage. Car le gouvernement trouvait le moyen de faire payer aux cités exemptes, sous les noms de *taxes des aisés*, d'*emprunts* ou de *subsistances*, trois ou quatre fois plus qu'il n'eût exigé sous celui de taille. Les *subsistances* surtout étaient la terreur des Angevins. On appelait ainsi la contribution, tout arbitraire, que le roi demandait, de temps à autre, à ses *bonnes villes*, pour l'entretien des régiments. En temps de paix, les troupes venaient loger chez les habitants, qui devaient, non seulement les recevoir, mais donner à chaque soldat 3, 4 ou 5 francs par jour, plus ou moins, selon les temps. Le pillage n'était pas compris dans les règlements, mais c'était le résultat habituel d'une occupation militaire. Une garnison était donc une calamité publique. A la nouvelle qu'un régiment approchait, les maisons se fermaient, les villes se dépeuplaient (1). Le vide se fit une fois si bien dans celle de Candé qu'il n'y resta que quarante-deux habitants (2). Les soldats en étaient quittes pour enfoncer les portes. Je vous laisse à penser si les meubles des absents étaient épargnés. En temps de guerre, les exigences d'argent étaient plus fréquentes et plus pressantes. Et comme les subsistances, que ni la noblesse. ni le clergé, ni la magistrature ne payaient, retombaient de tout leur poids sur les classes les moins aisées, il arrivait quelquefois que les villes mettaient du retard à s'acquitter. On leur faisait alors subir des exécutions militaires, mais si brutales, qu'elles équivalaient à des prises d'assaut. Au mois de janvier 1648, le maréchal de Brézé fit venir à Angers trente-deux cornettes de cavalerie, qui, pour une somme de 100,000 livres que devaient les Angevins, leur en coûta plus de 1,200,000 (3). — « Cette troupe indisci-
» plinée, dit un contemporain, faisait le tourment des citoyens,
» dont elle démolissait les maisons pour se chauffer, des poutres
» et des soliveaux ; où ils ne trouvaient pas des écuries à leur
» portée, les cavaliers logeaient les chevaux dans les vestibules,
» dans les chambres à coucher, dans les salons de compagnie,

---

(1) *Arch. anc. de la mairie*, série BB, reg. 81, fol. 134, 148, 149.
(2) *Journal de Valuche*, année 1653.
(3) Roger, 504. — Jousselin, 421-472.

» ruinant les boiseries, les tentures, les rideaux, les tapis d'un » riche travail. Le petit peuple se voyait dépouiller de ses meu- » bles les plus indispensables ; les gens d'une classe supérieure » de leur or et de leurs bijoux. Aux plus puissants, auxquels il » en voulait plus particulièrement, Brézé faisait savoir qu'ils lui » envoyassent de l'argent (1)... » — Je n'ai pas besoin de vous dire que les attentats contre les personnes étaient l'accompagnement ordinaire du pillage. Et tout cela se passait sous ce que Voltaire appelle *le plus doux des gouvernements* (2).

Je ne parlerai pas longuement d'autres impôts qu'on levait à cette époque, sous les noms d'*aides* et de *traites*. Les uns étaient des taxes sur les denrées et marchandises vendues ; les autres des droits de douane perçus à l'intérieur du royaume. Plus qu'aucune autre province l'Anjou avait à en souffrir. Presque chaque année, les aides étaient augmentées d'un, deux ou quatre sous pour livre, et le peuple en était si exaspéré que les percepteurs ou maltôtiers, comme on les appelait dans le public, n'osaient parfois se présenter qu'escortés de soldats au milieu des marchés (3). En 1647, le gouvernement, malgré sa détresse, déclara qu'il n'enflerait point les anciennes taxes. Il se contenta de s'approprier en entier les recettes des octrois, qui faisaient la principale richesse des villes. Angers perdait du coup les deux tiers de ses revenus. Il fallut naturellement doubler les octrois. — Sous le rapport des douanes intérieures, votre pays était si maltraité que le commerce y était devenu presque impossible. Les marchandises payaient pour y entrer, payaient pour en sortir, payaient pour passer les rivières. Les transports par eau y étaient soumis à six sortes de droits, qu'un Mémoire du temps dénomme ainsi : le *trépas de Loire*, l'*ancienne réappréciation d'iceluy*, et *la nouvelle*, la *nouvelle imposition*, l'*augmentation* et le *droit de Mussicault*. Par terre, les marchands ne pouvaient

(1) Ménage, *Vies de P. Ayrault, Guillaume Ménage et Matthieu Ménage*, traduction Blordier-Langlois, p. 96-97.
(2) *Siècle de Louis XIV*, ch. IV.
(3) *Journal de Valuche*.

sans argent passer d'un bailliage ou ressort de bureau dans un autre, et la province en comptait trente-trois (1).

Mais toutes les haines suscitées par la taille, les aides et autres taxes plus ou moins vexatoires, étaient peu de chose devant l'horreur inspirée à vos aïeux par le plus inique et le plus cruel des impôts, je veux parler de la *Gabelle*. Le sel, denrée de première nécessité, mais qui n'a, sur les lieux de production, qu'une valeur presque nulle, vu son abondance, était devenu dans certaines provinces l'objet d'un monopole abominable. Tandis qu'en Bretagne on le vendait librement, au prix de quinze ou vingt sous le quintal, les Angevins se voyaient condamnés à le payer trente, quarante francs, souvent davantage, et ne pouvaient en acheter qu'aux greniers royaux. Et comme les contribuables auraient pu tromper les calculs du gouvernement en se privant de sel, la loi les contraignait à en prendre une quantité déterminée, 7, 10 ou 12 livres par personne et par an, suivant les paroisses. La Gabelle, comme la taille, avait ses *collecteurs*, plus malheureux encore, s'il est possible, que leurs confrères. Plusieurs provinces voisines de l'Anjou n'étant pas soumises à cette tyrannie, les Angevins que leur résidence rapprochait de la Bretagne ou du Poitou devaient forcément céder à la tentation de faire un peu de contrebande. Mais on avait organisé contre eux une surveillance féroce. Il ne se passait presque pas de semaine que l'on ne vît défiler à Candé, Champtocé, Ingrandes, Angers ou autres lieux, de longues troupes de forçats, que le bourreau fouettait dans les rues et qui allaient expier aux galères le crime d'avoir voulu se procurer du sel à bon marché. Souvent les archers des Gabelles, véritables voleurs de grands chemins, s'embusquaient derrière les haies, sous prétexte de guetter les faux-sauniers, tiraient sur les voyageurs inoffensifs, les tuaient ou les détroussaient et restaient impunis. Sur eux, aussi, retombait presque tout le poids de la haine que le peuple avait vouée aux agents du fisc. Les émeutes commençaient presque toujours en Anjou par l'incendie ou le pillage des greniers royaux ; et le

(1) Voir le mémoire indiqué plus haut. — Mss. 823 de la Biblioth. d'Angers.

premier effet de la Fronde en ce pays fut l'expulsion des Gabeleurs et la vente libre du sel, qu'on ramena en triomphe de la Pointe, à pleins bateaux, pour le débiter presque gratuitement (1).

Tous ces maux étaient encore aggravés par la funeste habitude que le gouvernement avait prise d'affermer la plupart des impôts à des spéculateurs tarés, connus du public sous les noms de *maltôtiers* ou de *partisans*. Ces usuriers ne se contentaient pas de voler l'Etat, ils pressuraient encore odieusement les contribuables. Pour un écu qu'ils versaient dans le trésor public, ils en faisaient entrer quatre et quelquefois dix dans leurs propres caisses. Aussi amassaient-ils en peu d'années des fortunes princières. — C'est aux mêmes spéculateurs que les Angevins reprochaient l'accaparement et l'exportation criminelle des blés, qui avaient pour but d'élever le prix des grains et pour résultat de créer la famine. Les registres de la mairie sont pleins de réclamations adressées sur ce sujet soit au gouvernement d'Anjou, soit au roi lui-même, et qui, trop souvent, demeuraient infructueuses.

Du reste, il n'était pas toujours besoin d'accaparer les grains pour affamer le peuple. La disette naturelle n'était que trop fréquente, sous un régime qui semblait créé tout exprès pour décourager l'agriculture. En 1626, le blé valut en Anjou 13 livres le setier, prix excessif pour l'époque (2); en 1630, 36 et 38 livres (3). Les gens de Thouars et de Montreuil-Bellay mangeaient du pain de glands. Les mendiants mouraient dans les rues. La ville de Nantes, également affligée de famine, en avait expulsé 10,700 en un seul jour; presque tous étaient venus à Angers. « C'étoit chose pitoyable, dit un contemporain, Louvet, » de les voir, particullierement les petitz enfantz, coucher dans » les rues sur le pavé, pour ne trouver où aller au coucher, d'au» tant que tous les lieux destinez pour loger lesditz pouvres ont » tous esté prins.... (4). »

(1) *Journal de Valuche.— Journal de Jousselin. — Arch. anc. de la mairie*, série BB, passim. — Mss. [illegible] de la Biblioth., etc.

(2) *Journal de Louvet*, dans la *Revue d'Anjou*, t. VIII (1856), p. [illegible],

(3) Id., *Revue d'Anjou*, t. IX (1856), p. [illegible].

(4) Ibid., p. [illegible].

Et au milieu de cette misère, il fallait encore se montrer gai, trouver de l'argent pour des fêtes publiques, faire des cadeaux ruineux aux grands personnages qui honoraient la province de leur présence. La princesse de Condé, pendant la Fronde, faisait venir les paysans qui, la mort dans le cœur, étaient contraints de danser devant elle pour la distraire. Quand un ministre passait par la ville, il fallait offrir non-seulement à lui, mais aux personnes de sa suite, des présents proportionnés à leur importance : tant de livres de bougie, de langues de bœuf, d'andouilles, de langues de porc; jusqu'à des barils de moutarde (1). « Il n'est pas, dit Charles Colbert, un conseiller de la cour qui » ne gronde si une ville ne lui fait un présent (2). » Ces nobles visiteurs — ou protecteurs — acceptaient tout, du reste: des melons de Langeais, des poires de *bon-chrétien*, tout leur était bon (3). Les gouverneurs de la province étaient un peu plus exigeants : il leur fallait des pièces d'orfèvrerie, dont la valeur s'élevait en général à 1,800 ou 2,000 livres (4). Les intendants ne voulaient rien tirer de leur bourse pour leurs dépenses privées. Cela me remet en mémoire la réponse comique d'un contribuable à l'intendant de Languedoc, qui demandait de l'argent pour les funérailles de sa femme : « Certes, si c'était pour vous, » Monsieur l'intendant, nous le ferions avec plaisir; mais pour » Madame..... (5)! »

Le profond dénûment auquel un pareil régime réduisait les particuliers et les villes rendait impossible les grands travaux d'utilité publique, tels que l'entretien des turcies et levées de la Loire. Aussi nous expliquons-nous aisément les ravages effroyables causés dans le pays par les inondations. Les débordements des fleuves et rivières, très-fréquents à cette époque, parce qu'on ne faisait rien pour les prévenir, détruisaient parfois des

(1) *Arch. anc. de la mairie*, série BB, 71, fol. 83.

(2) *Rapport sur l'Anjou* (1665), imprimé dans les *Archives d'Anjou*, de Marchegay, t. I, p. 179.

(3) *Arch. anc. de la mairie*, série BB, 74, fol. 30; 85, fol. 42; 87, fol. 60, etc.

(4) *Id.*, BB, 75, fol. 88; 82, fol. 101, etc.

(5) Bonnemère, *Histoire des Paysans*, t. II, 3[illegible]0.

villages entiers. En 1615, le *Déluge de Saumur* dévasta toute la vallée d'Anjou (1). En 1651, les flots emportèrent les ponts d'Angers et vingt-huit maisons qui les garnissaient. On allait en bateau de la fontaine Pied-Boulet à l'église de la Trinité (2).

Quand de pareils désastres se produisaient, il était rare qu'ils ne fussent pas suivis de grandes épidémies. La peste, due à la stagnation des eaux et aussi à l'insalubrité des villes (dont l'assainissement eût exigé de grandes dépenses), s'étendait presque périodiquement sur de pauvres populations, qui, à peine atteintes, étaient vouées par leur misère à une mort certaine. De 1600 à 1630, le fléau revint plus de douze fois en Anjou. En 1626, il emporta 2,000 personnes dans la seule cité d'Angers. Dans ces moments lugubres, les hommes devenaient féroces. Défense aux pestiférés de se montrer; on les chassait dans les rues à coups de pierre. Par contre, les loups venaient librement jusque dans les grandes villes, et il fallait parfois mettre sur pied de petites armées pour les chasser de vos faubourgs et de vos cimetières (3).

Voilà, Messieurs, le pays que Ronsard avait appelé, au XVIe siècle, un *petit paradis*. Certes, cette terre riante et fertile n'avait rien perdu de ses beautés naturelles. Mais le peuple qui l'habitait n'était guère à même de les apprécier. Et les misères que je viens de dérouler sous vos yeux nous reportent bien loin des légèretés, des chansons dans lesquelles on a trop longtemps voulu voir toute la Fronde; bien loin aussi des équipées romanesques de Mme de Longueville, des pastorales apprêtées de Mlle Scudéry et de Mlle de Montpensier.

III. — LA VIE POLITIQUE ET LE RÉGIME MUNICIPAL A ANGERS.

J'en ai dit assez, Messieurs, pour établir que les misères de votre pays, aussi bien que les caractères particuliers de la

(1) Voir le *Déluge de Saumur en 1615*, par Bourneau; Saumur, 1618.

(2) Jousselin. — Roger.

(3) *Journal de Louvet*. — Roger, *Hist. d'Anjou*. — *Arch. anc. de la mairie*, série BB, reg. 48-71; série GG, reg. des paroisses, 138, 202.

Fronde Angevine, peuvent être un intéressant sujet d'étude et permettent d'ajouter quelques traits curieux à l'histoire générale de la Fronde. Il me reste à terminer cette esquisse de mon sujet en faisant ressortir ce qui pouvait rester de vie politique dans votre province sous l'oppression fiscale de l'ancienne monarchie.

Contre les violences et les injustices de ce régime, quel recours avaient les habitants de l'Anjou au milieu du XVIIe siècle? Vers quel pouvoir tutélaire devaient-ils tendre leurs mains suppliantes pour se garantir des maltôtiers et des accapareurs? Il semble au premier abord qu'il ne leur restait plus que la liberté de gémir. Les Etats-Généraux, où ils auraient pu demander le redressement de leurs griefs, n'avaient pas été réunis depuis l'année 1615. En 1649 et 1651, la reine Anne d'Autriche les convoqua, pour la forme; les députés furent choisis; l'agitation électorale fut même assez forte en cette ville, comme nous le verrons au cours de nos entretiens (1). Mais, la guerre civile durant toujours, l'assemblée ne fut pas tenue. D'ailleurs, le Tiers-Etat, battu d'avance par la coalition des deux ordres privilégiés de la noblesse et du clergé, s'y fût présenté sans illusions, même sans espoir, partant sans audace.

L'Anjou n'avait pas non plus la ressource des Etats provinciaux, qui donnaient à certains pays, tels que la Bretagne, la Provence, le Languedoc, une autonomie administrative très-voisine par certains côtés de la liberté politique. Il ne pouvait même pas compter sérieusement sur l'appui de la magistrature. Car sa capitale n'était point le siége d'un Parlement, et les Présidiaux d'Angers, La Flèche, Châteaugontier, cours inférieures, absolument privées de tout droit de contrôle sur les ordonnances royales, ne pouvaient que faire entendre des doléances stériles ou porter des arrêts dénués de sanction.

De tous les pouvoirs locaux qui avaient contribué jadis à la vie politique de l'Anjou, on ne voyait plus debout, au XVIIe siècle,

(1) *Arch. anciennes de la mairie*, série BB, reg. 83, fol. 29-40. — Jousselin. — Roger.

que le pouvoir municipal. Lui seul restait en armes et pouvait encore résister, menacer et combattre. Mais deux raisons principales font comprendre qu'il n'était capable ni de protéger efficacement le pays, ni d'inspirer des craintes sérieuses à la royauté. La première, c'est que l'autorité municipale, restreinte dans son action et dans son dévouement aux murs d'une cité, aux intérêts d'une ville, ne pouvait, par sa nature même, s'étendre à toute une province. La seconde, c'est que, de toutes les villes angevines, qui auraient pu, grâces à des libertés sérieuses, devenir des centres de résistance, des points de ralliement pour les habitants des campagnes, peut-être même les éléments d'une confédération, il n'en était qu'une où l'on trouvât l'organisation, les lois, les ressources d'une commune franche.

Il est vrai que c'était la capitale du duché. Angers, grande ville de cinquante mille âmes, entourée de bonnes murailles, pourvue d'un château-fort qui avait résisté à bien des attaques, formait, grâce à la charte accordée par Louis XI en 1474, une véritable république municipale. Elle avait été aussi grande, aussi glorieuse, mais plus fidèle que La Rochelle. Des événements considérables s'étaient accomplis dans ses murs. Elle s'était fait, au milieu de nos guerres religieuses, une histoire dramatique, que la plume brillante d'un de mes prédécesseurs a retracée avec éclat (1). Au commencement du XVIIe siècle, sa puissance et ses libertés étaient déjà en déclin. Mais cette commune était encore une des plus fortes et des moins dépendantes qui fussent dans le royaume.

Le corps de ville se composait d'un maire biennal, d'un échevinage de quatre membres, renouvelé tous les deux ans par moitié, et de douze conseillers nommés à vie. Les élections, fort libres dans le principe, étaient faites par cette assemblée elle-même, à laquelle venaient s'adjoindre les délégués des seize paroisses de la ville. Ces délégués étaient aussi convoqués, ainsi que ceux du clergé et des tribunaux, toutes les fois qu'il s'élevait une difficulté grave, surtout en matière d'argent. Les

---

(1) Voir *La Réforme et la Ligue en Anjou*, par M. Mourin.

membres du corps de ville acquéraient, en entrant en charge, des titres de noblesse et les transmettaient à leurs descendants. La cité tout entière jouissait en outre de nombreux priviléges, que nous exposerons ultérieurement. Le maire exerçait la juridiction de police, concurremment avec le prévôt royal et le lieutenant-criminel. Il jugeait aussi les procès en matière d'industrie et de manufactures. Mais son importance était doublée par le titre de capitaine-général, qui lui donnait le droit exclusif d'entretenir les remparts, de garder les clefs de la ville et de commander la milice municipale. Cette petite armée, qui comptait parfois jusqu'à cinq ou six mille hommes, gardait jalousement les murs d'Angers, se mettait en bataille à l'approche des régiments royaux, et souvent les obligeait à se retirer ou à demeurer dans les faubourgs. C'est dans les douze compagnies bourgeoises d'Angers que Rohan trouva son principal appui en 1652. La vigilance et la bravoure des soldats angevins lui permirent de résister un mois à l'armée de Mazarin et du maréchal d'Hocquincourt (1).

Telle était, en peu de mots, cette libre mairie d'Angers, dont nous aurons bientôt à raconter la décadence et la chute. L'autorité royale, qui fit de si grands progrès sous Henri IV et Richelieu, l'avait déjà menacée dans ses plus chers priviléges. En 1620, Marie de Médicis, gouvernante d'Anjou, avait chassé le maire Lanier. En 1625, elle avait maintenu de force au pouvoir un magistrat impopulaire, nommé Jouet, et cassé l'élection très-légale de Barbot du Martray. De là des troubles violents, dont nous parlerons prochainement. En 1630, Louis XIII avait suspendu de ses fonctions le maire Louet, et, deux ans après, contraint la ville à élire l'avocat Dupineau (2).

La royauté n'attendait évidemment qu'une occasion, un prétexte, pour supprimer à jamais cette liberté des élections et cette inamovibilité, qui rendaient à ses yeux les maires d'Angers

---

(1) *Arch. anc. de la mairie*, séries AA, BB, passim. — *Priviléges de la ville et mairie d'Angers*, Angers, 1748.

(2) *Arch. anciennes de la mairie*, série BB, reg. 65, 67, 68, 73. — *Journal de Louvet*. — Roger, *Hist. d'Anjou*.

si redoutables. Ce prétexte, le corps de ville devait éviter de le fournir. Aussi essaya-t-il de garder, au milieu des troubles de la Fronde, une attitude fort circonspecte. Malheureusement, entre deux partis qu'il lui fallait également ménager, l'un (le gouvernement) parce qu'il le craignait, l'autre (le peuple d'Angers) parce qu'il le représentait et devait le défendre, sa position ne pouvait être que fausse. Les masses populaires n'entendent rien aux exigences de la politique. Les gouvernements ne pardonnent pas à ceux qui ne les servent qu'à demi. Le maréchal de Brézé savait mauvais gré au maire Cupif de n'avoir pas voulu lui dénoncer ses concitoyens (1), et la foule menaçait de mort le même magistrat, parce qu'il s'opposait à la rébellion armée (2). Qu'arriva-t-il? Ce qui arrive d'ordinaire en temps de révolution: c'est que le parti du juste milieu, après s'être péniblement débattu, finit par succomber; que les frondeurs déterminés triomphèrent un instant dans la personne du maire Bruneau, élu en 1651; mais que, abandonnés bientôt par leurs alliés de la noblesse, ils tombèrent à leur tour devant l'autorité royale altérée de vengeance. Dès lors, le rôle politique de la mairie d'Angers fut terminé. Le roi ne cessa plus de nommer les chefs de la municipalité. Quelques murmures se firent encore entendre, quelques émeutes eurent lieu (3). Mais le bourreau accomplit son office. Le silence se fit autour des victimes. L'inflexible niveau de la monarchie absolue s'étendit sur la ville, et le mot de liberté ne fut plus prononcé jusqu'à la veille de 1789.

Je ne résumerai point, en terminant cette trop longue exposition. Je crois avoir indiqué assez nettement la triple raison d'être de mon sujet, le triple intérêt que j'y attache. J'ose espérer que vous voudrez bien apporter à ces entretiens une attention et une sympathie, qui me dédommageront amplement de mes longues

(1) Lettre du corps de ville au maréchal de Brézé, 18 mars 1649 (mss. 874 de la bibliothèque d'Angers).

(2) *Arch. anc. de la mairie*, série BB, reg. 81, fol. 302.

(3) En 1655 et 1656. Voir les *Arch. anc. de la mairie*, série, BB, reg. 86. — Mss. 874 de la bibliothèque.

et pénibles recherches. Ces recherches, je les poursuivrai sans relâche. Je n'apporterai pas ici une assertion qui ne soit pleinement justifiée par des documents originaux. Je tracerai l'histoire de votre ville sans arrière-pensée, sans autres passions que l'amour de la vérité, que le désir de faire honneur, si je puis, à une cité dont je suis l'hôte et où j'aurai passé les meilleures, les plus laborieuses années de ma vie universitaire. Puissiez-vous seulement éprouver à m'entendre parler de vos aïeux une partie du plaisir que j'éprouve moi-même chaque jour à vivre avec eux au fond de vos vieilles archives!

Angers, imp. E. Barassé.

www.ingramcontent.com/pod-product-compliance
Ingram Content Group UK Ltd.
Pitfield, Milton Keynes, MK11 3LW, UK
UKHW012310240726
13966UKWH00005B/1774

9 782013 045094